저자 소개

글 **사회평론 역사연구소**
오랫동안 어린이 교육과 역사 콘텐츠를 연구한 전문가들이 모여, 우리 아이들이 쉽고 재미있게 공부할 수 있는 책을 만들고 있어요. 《용선생의 시끌벅적 한국사》, 《용선생 교과서 한국사》, 《용선생 처음 세계사》, 《교양으로 읽는 용선생 세계사》 등을 쓰고 펴냈어요.

김언진 | 사회평론 역사연구소 연구원
국어교육을 전공하고, 초·중등학생을 대상으로 한 국어 및 독서 논술 교재 콘텐츠를 연구 개발했어요.

정지윤
서울대학교 국어교육과를 졸업하고, 문화예술 기관에서 기획 업무를 담당했어요.

장유영
서울대학교에서 지리교육, 공통사회교육, 언론정보학을 공부했어요. 졸업 후 학교에서 학생들을 가르치다 지금은 어린이책을 만들고 있어요.

그림 **뭉선생**
2006년 LG 동아 국제 만화 공모전 극화 부분 당선으로 데뷔했어요. 《우주를 여는 비밀 열쇠》, 《용선생 만화 한국사》 등을 그렸어요.

그림 **윤효식**
2002년 《신검》으로 데뷔했어요. 《마법천자문 사회 원정대》, 《용선생 만화 한국사》 등을 그렸어요.

자문·감수 **강혜원**
에스파냐, 중남미를 오가며 여행 작가 겸 투어리더로 활동하고 있어요. 여행 가이드북 《이지 스페인》과 《이지 남미》를 집필했어요. 뉴스위크 한국판과 트래비, 내셔널지오그래픽 트래블러 매거진 등에서 기자로 일했어요.

캐릭터 **이우일**
홍익대학교에서 시각디자인을 공부했어요. 《우일우화》, 《고양이 카프카의 고백》, 《용선생의 시끌벅적 한국사》, 《교양으로 읽는 용선생 세계사》 등을 그렸어요.

용선생이 간다

세계 문화 여행·11

글 사회평론 역사연구소 | 그림 뭉선생, 윤효식 | 자문·감수 강혜원 | 캐릭터 이우일

 에스파냐 (스페인)

사회평론

차례

1일 바르셀로나

왕수재, 바르셀로나의 매력에 푹 빠지다! 11
용선생의 스페셜 가이드
에스파냐의 이모저모! 20

2일 바르셀로나

나선애, 가우디의 후계자를 꿈꾸다! 23
용선생의 스페셜 가이드
에스파냐 건축의 대가, 가우디 30

3일 바르셀로나

장하다, 캄 노우에서 비바 바르셀로나를 외치다! 33
용선생의 스페셜 가이드
독립을 꿈꾸는 카탈루냐 지방 40

4일 몬세라트

허영심, 성가대의 노래에 눈물 흘리다! 43
용선생의 스페셜 가이드
에스파냐 자연 구석구석 살펴보기! 50

5일 발렌시아

곽두기, 토마토 축제에 뛰어들다! 53
용선생의 스페셜 가이드
온몸이 들썩이는 에스파냐의 축제들 60

6일 마드리드

허영심, 에스파냐 왕궁의 화려함에 반하다! 63
용선생의 스페셜 가이드
에스파냐가 낳은 위대한 예술가들 72

7일 톨레도

장하다, 톨레도 골목에서 길을 잃다?! 75

용선생의 스페셜 가이드
마드리드 근처 볼거리 알아보기! 82

8일 그라나다

나선애, 플라멩코를 배우다! 85

용선생의 스페셜 가이드
알람브라 궁전 깊이 보기 92

9일 세비야

왕수재, 콜럼버스를 만나다! 95

용선생의 스페셜 가이드
콜럼버스의 탐험! 이것이 궁금하다! 102

10일 빌바오

곽두기, 문화 도시 빌바오에 가다! 105

용선생의 스페셜 가이드
세계적으로 유명한 산티아고 순례길 112

| 퀴즈로 정리하는 에스파냐 116 | 정답 118 |

용선생
믿음직한 가이드!
이 용선생만 따라오면
보고, 먹고, 즐기고
알차게 여행할 수
있다고!

나선애
꼼꼼한 조사의 달인!
어디를 가든 미리
조사해서 여행을 더
풍성하게 만들지!

장하다
재빠른 날쌘돌이!
누구보다 빠르게 움직여서
맛있는 음식을
하나라도 더 먹지!

허영심
여행 장소에 따라
어울리는 옷을 입는 게
내 특기!
에스파냐의 여행에서도
내 패션 기대해줘~

왕수재
벼락치기로 공부했지만
언어 천재인 나만 믿어!
올라~! 에스파냐~

곽두기
인생 사진 전문!
여행에서 중요한 사진!
저 곽두기에게
맡기세요~

나도 같이
여행할 거야!
꼭꼭 숨어 있는
나를 찾아 봐!

 여행 4일째 몬세라트행 기차에서

에스파냐 일주 코스를 소개합니다~

✓ **6일** 프라도 미술관에서 작품 감상하기

✓ **7일** 톨레토 대성당 제단 장식 자세히 살펴보기

✓ **9일** 투우 경기 구경하기

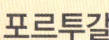 9일

세비야

포르투갈

카나리아 제도

모로코

에스파냐 사람들에게
인사를 할 때는
'올라(¡Hola!)'!

토막 회화 한마디!

고맙다고 말하고 싶을 때는
'그라시아스(Gracias)'
라고 하면 돼.

왕수재, 바르셀로나의 매력에 푹 빠지다!

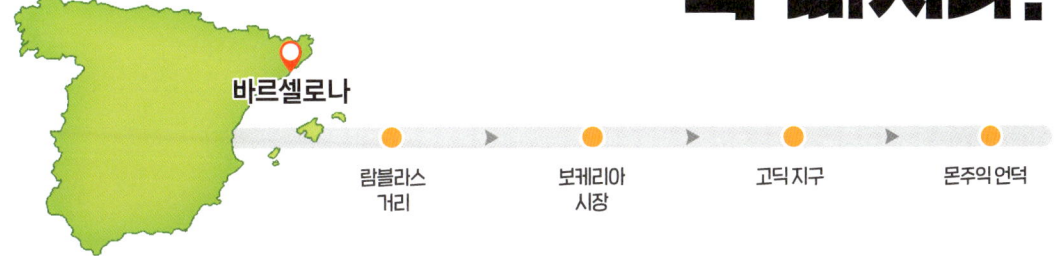

람블라스 거리 ▶ 보케리아 시장 ▶ 고딕 지구 ▶ 몬주익 언덕

에스파냐 최고의 관광 도시 **바르셀로나**

올라(¡Hola!)! 드디어 **바르셀로나**에 도착했어.
바르셀로나는 아름다운 건축물과 다양한 즐길 거리로 에스파냐에서 가장 많은 관광객이 찾는 도시야! 우리는 바르셀로나에서도 가장 붐비는 거리인 **람블라스 거리**에서 여행을 시작했어.
"어휴~ 선생님 햇볕이 너무 뜨거워요!"
후훗, 그럴 줄 알고 나는 선글라스를 준비했지!

에스파냐의 여름은 뜨겁기로 유명하거든!

가로수가 쭉 이어진 거리에는 오전부터 사람들이 바글바글했어.

근데 길 곳곳에 조각상이 있네?

가까이 다가가 보니 얼굴까지 은색인 조각상이 가만히 서 있었지.

왁! 깜짝이야! 갑자기 조각상이 나에게 손을 내밀었어! 사람이잖아?!

5월인데도 무척 덥네요!

▶ 바르셀로나는 5월부터 6월까지 여름이야. 여름은 매우 덥지만 습도가 높지 않아서 그늘에 가면 시원하지. 겨울은 영하로 내려간 적이 없을 정도로 별로 춥지 않아.

다양한 먹거리 천국 **보케리아 시장**

휴우~ 놀란 가슴을 쓸어내리며 점심 먹으러 이동!
점심은 바르셀로나의 유명한 시장에서 먹기로 했어.
"저거 봐! 고기 덩어리가 매달려 있어!"
호호, 저건 돼지고기를 소금에 절여 말린 햄, 하몽! 종이처럼 얇게 썰어 먹는대.
에스파냐에서 꼭 먹어야 할 음식 중 하나지!
시장에는 온갖 음식 재료와 먹거리가
가득했어.

하몽

 보케리아 시장에는 뭘 팔아요? ▶ 다양한 채소와 과일, 해산물부터 치즈와 하몽, '초리소'라는 에스파냐 소시지도 판단다.

"우리 점심은 뭐 먹어요?"
내가 알려주지! 에스파냐에 왔으면 타파스는 꼭 먹어야 해!
"타파스는 우리 식으로 말하면 일종의 반찬, 안주 같은 음식이야."
간단한 올리브 절임부터, 햄, 오징어 튀김까지 이것저것 골라 먹다 보니 배가 빵빵해졌어!
야아~ 장하다! 네 앞에만 접시가 산더미야!

다양한 종류의 타파스

오래된 건물들이 모여 있는 고딕 지구

둥둥~ 배를 두드리며 거리를 걷다 보니 옛날 건물들이 나타났어.
"여기는 엄청 오래된 건물들이 모여 있는 '고딕 지구'란다."
오호라~ 우리는 고딕 지구에서 누가 누가 더 멋있는 사진을 찍나 대결하기로 했지.
그래서 나는 고딕 지구에서 가장 유명하고 웅장한 성당 앞으로 달려갔어. 뾰족한 성당 지붕이 나오게 찰칵!

바르셀로나 대성당 앞에서

오옷? 두기랑 하다는 광장에서 에스파냐의 전통 춤을 췄대~ 선애랑 영심이는 멋진 귀족의 집에서 사진을 찍었네?
헐! 그런데 여기가 에스파냐 출신의 세계적인 예술가 피카소 미술관이라고?
흠, 승부를 가리기 어려우니까 무승부!

두기랑 하다가 추는 춤의 이름이 뭐예요?

▶ 바르셀로나가 있는 카탈루냐 지방의 전통 춤 '사르다나'야. 여러 명의 사람들이 두 손을 번갈아 잡은 채 원을 이루어 음악에 맞춰 춤을 추지.

바르셀로나를 한눈에 볼 수 있는 몬주익 언덕

"자, 얘들아! 이번에는 조금 높은 곳에 가볼까?"

날씨가 더워서 걱정했더니, 다행히 케이블카를 타고 갈 거래!

케이블카를 타고 경치를 구경하는데, 어디선가 이상한 냄새가 나더라고?

"누구야! 방귀 뀐 사람!"

역시나 범인은 장하다! 어휴~ 숨 참느라 힘들었네.

와~ 몬주익 언덕에 도착하니 바르셀로나 시내가 한눈에 보였어.

시원한 바람을 맞으며 언덕 여기저기를 구경하다 보니, 어느새 해가 지네~

몬주익 마법의 분수

1929년에 만들어진 이 분수는 물을 54미터 높이까지 뿜어 올린대.

와~ 진짜 높이 올라간다!

보기만 해도 시원해~

나는 시원한 아이스크림 먹고 싶다….

"어? 어디서 음악 소리가 들려요!"

음악 소리를 따라가 보니 분수에서 물줄기가 뿜어져 나오고 있었어!

게다가 사방에서 형형색색의 조명이 물기둥을 비추고 있었지.

"분수가 꼭 춤을 추는 것 같아요~"

호호, 정말 그렇네?

옹기종기 앉아서 시원한 분수 쇼를 보니 더위가 싹 사라지는 것 같았어.

에스파냐 여행 첫째 날부터 알차게 놀았네!

 분수쇼는 매일 볼 수 있어요? ▶ 따뜻한 4월부터 10월까지는 매주 주말 저녁에 분수쇼를 볼 수 있어. 겨울에는 분수쇼를 하지 않는 경우도 있어서 미리 확인해 봐야 해.

에스파냐의 이모저모!

바르셀로나에서 보낸 첫날!
이 용선생이 에스파냐에 대해 속속들이 알려주기로 했어.
자~ 용선생이 알려주는 에스파냐의 이모저모! 같이 살펴보자!

유럽 남부의 중심, 에스파냐!

에스파냐는 서쪽으로는 포르투갈, 북쪽으로는 프랑스, 남쪽으로는 아프리카와 맞닿아 있단다.

에스파냐는 유럽 남서부 **이베리아반도**에 있는 나라야. 땅 크기는 한반도의 약 2배인데, 인구는 4,700만 명 정도로 우리나라보다 적어. 수도는 마드리드이지만, 바르셀로나, 발렌시아처럼 수도만큼 유명한 도시가 여럿 있지. 경제 규모는 국내 총생산(GDP) 기준으로 세계 13위, 유럽 내에서는 다섯 번째로 큰 편이야. 또, 1400년대에 에스파냐가 통일된 이후 가톨릭을 믿었고, 지금도 **국민의 약 70퍼센트 정도가 가톨릭을 믿어.** 그래서 에스파냐 곳곳에 크고 작은 성당이 많단다.

세계에서 두 번째로 많이 쓰는 언어, 에스파냐어

에스파냐어는 에스파냐 말고도 한때 에스파냐의 식민지였던 멕시코, 남아메리카 나라들, 필리핀을 비롯한 여러 나라에서도 모국어로 사용하고 있어. 미국에도 에스파냐어를 사용하는 중남미 출신의 이주민과 그 후손들의 증가로 에스파냐어를 사용하는 인구가 점차 늘고 있지. 그러다 보니 전 세계에서 약 5억 명 정도가 에스파냐어를 사용해. 놀랍게도 세계 공용어인 영어보다 쓰는 사람이 많아서, 중국어에 이어 **세계에서 두 번째로 많이 쓰이는 언어래!**

세계 패권을 쥐었던 에스파냐

에스파냐는 1500~1600년대에 세계에서 제일 가는 나라였어. 남아메리카 대부분이 에스파냐의 식민지였고, 세계 곳곳에 식민지가 퍼져 있었지. 에스파냐의 해군은 '무적함대'라 불리며 유럽을 호령했어. 그래서 최전성기 때에는 에스파냐를 **'해가 지지 않는 제국'**이라고 불렀대.

에스파냐 전성기를 이끈 펠리페 2세 (1527년~1598년)

세계적인 관광 대국, 에스파냐!

에스파냐는 아름다운 자연환경과 문화유산, 축제 등 다양한 볼거리 덕분에 전 세계에서 많은 관광객이 찾는 나라야. 특히 세계적인 건축가 가우디의 건축물을 보러 오는 관광객들이 많지. 그래서 관광 산업은 국내 총생산(GDP)의 약 10퍼센트를 넘게 차지할 정도로 에스파냐의 경제에 큰 역할을 하고 있어.

숨은 인물 찾기

용선생과 아이들이 람블라스 거리에서 뿔뿔이 흩어져버렸어.
용선생과 아이들이 어디에 있는지 찾아줘!

나선애, 가우디의 후계자를 꿈꾸다!

바르셀로나

사그라다 파밀리아 성당 ▸ 카사 밀라 ▸ 카사 바트요 ▸ 구엘 공원

천재 건축가 가우디의 사그라다 파밀리아 성당

"오늘은 천재 건축가 '가우디'의 건물들을 둘러볼 거란다!"

천재 건축가라고? 얼마나 대단한 건물을 만들었길래 그런 별명까지?!

"세상에! 저기 좀 봐!"

우아! 멀리 하늘을 찌를 듯이 높이 솟은 성당이 보였어.

저 건물이 바로 바르셀로나에서 가장 유명한 사그라다 파밀리아 성당이래.

겉모습만큼이나 내부도 멋지겠지?

기대하며 들어가 보니 성당 안은 더 신비로운 분위기였어!

아직 미완성이라던데 다 완성되면 얼마나 더 멋질까?

완성되면 꼭 다시 보러 와야지!

천장 속으로 빨려 들어갈 것 같아!

'사그라다 파밀리아'가 무슨 뜻이에요?

에스파냐어로 '신성한 가족'이라는 뜻인데, 예수와 성모 마리아, 요셉을 의미한대.

아직 공사중인가요?

▶ 1882년에 공사를 시작했는데 아직도 미완성이야. 가우디가 사망한 지 100주년이 되는 2026년에 완공 예정이란다. 성당이 다 지어지면 높이가 약 170미터로 유럽에서 가장 높은 종교 건축물이 될 거래.

자연을 닮은 카사 밀라, 카사 바트요

"저기 봐! 건물이 울퉁불퉁하게 생겼어!"

오, 정말이네! 두기 말처럼 파도치는 물결 모양을 한 건물이 보였어.

"이곳은 카사 밀라라는 건물이야. 모양이 신기하지? '산'을 주제로 디자인한 거란다."

동굴 같은 입구를 지나 안으로 들어가니, 건물 안에도 부드러운 곡선이 가득했지. 천장, 계단, 기둥까지 올록볼록! 옥상에도 꿀렁꿀렁한 모양의 특이한 굴뚝이 있더라고~ 와~ 꼭 다른 세상에 온 것 같아!

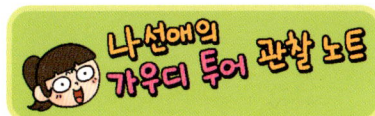

여기가 바로 카사 바트요!

이번엔 '바다'를 주제로 만든 건물을 보기로 했어.

카사 밀라 바로 근처에 있는 '카사 바트요'야.

"어머, 건물이 반짝반짝해!"

여러 색깔의 유리와 타일 문양으로 꾸며진 건물이 햇빛을 받아 더욱 아름다웠어.

어떤 기둥은 꼭 뼈처럼 생긴 게 마치 커다란 물고기를 보는 것 같았지.

기둥이 해골 모양이라서 '해골집'이라고 부르기도 한대~

나 보여?

이야~
어떻게 이렇게 독창적이고 멋진 건물을 만들 수 있지?
놀랍다!

 동화 속 마을 같은 **구엘 공원**

벌써 가우디 투어의 마지막 장소인 **구엘 공원**에 도착했어.

"와! 동화 속 마을 같아요!"

호호, 아기자기한 건물과 알록달록한 타일 장식 때문에 진짜 동화 속에 들어온 것 같더라고!

"이 타일 조각들은 손으로 하나하나 붙여서 만든 거란다~"

헐! 이렇게 넓은 공간을 다 손으로 장식했다니!

우리는 타일 조각으로 만든 알록달록한 도마뱀 앞에서 사진도 찍고, 가우디 박물관도 구경하며 이곳저곳을 돌아다녔어.

에스파냐 건축의 대가, 가우디

바르셀로나는 '가우디의 도시'라고 해도 될 정도로 곳곳에 가우디의 흔적이 남아 있어. 그래서 우리가 오늘 둘러보지 못한 곳도 많단다. 도대체 가우디는 어떤 사람이길래 이렇게 멋진 건축물을 만들었을까? 가우디가 만든 건축물들을 더 알아보자!

콜로니아 구엘 성당

1898년 구엘이 가우디에게 의뢰한 건축물이야. 가우디가 디자인한 특이한 모양의 의자에 앉아 한가로운 시간을 보내기 좋은 곳이지. 지하 성당은 공사를 시작한 지 6년 만에 다 지었지만, 지상의 교회당은 거의 손을 대지 못해서 미완성으로 남았대.

가우디가 궁금하다!

안토니 가우디
(1852년~1926년)

가우디는 1852년에 태어나 바르셀로나에서 활동한 건축가야. 자연과 건축물이 잘 어우러지는 것을 선호했고, 주로 올록볼록한 선을 이용한 건축물을 설계했어. 워낙 자유분방하고 독특한 양식 탓에 살아 있을 때는 인정받지 못했지만, 1960년대에 들어 새롭게 조명되면서 존경받기 시작했단다. 지금은 가우디의 건축물 중 7개가 유네스코 세계 문화유산에 기록될 정도야!

자연은 신이 만든 건축물이며, 인간은 그것을 배워야 한다고 생각합니다!

구엘 공원
사그라다 파밀리아 성당
카사 밀라

레이알 광장 가로등
레이알 광장에 있는 가로등은 가우디가 바르셀로나 대학교에 다닐 때, 공모전에서 대상을 받은 작품이래. 가우디의 가로등은 우리가 흔히 보는 가로등에 비해 장식도 많고, 모양도 특이해.

구엘 저택
가우디가 자신의 후원자였던 구엘을 위해 지은 집이야. 3개의 층을 뚫어 천장에서 빛이 내려오는 중앙 거실과, 옥상에 있는 각기 다른 디자인의 굴뚝 20개가 유명해. 가우디의 초기 작품이자 건축가로서의 입지를 굳히게 해준 작품이지.

스티커 붙이기

선애가 가우디 투어를 끝내고 여행 일기를 썼어!
설명을 잘 보고, 빈 부분에 알맞은 그림을 붙여 줄래?

오늘은 천재 건축가 가우디의 건축물을 둘러본 날!

먼저 **사그라다 파밀리아 성당**에 갔다.

외부, 내부 특이하지 않은 곳이 없었다.

울퉁불퉁하게 생긴 **카사 밀라**는 산을 주제로 디자인한 것이라고 했다.

카사 밀라 앞에서 셀카도 찍었는데 눈을 감은 것 같다.

마지막으로 알록달록한 타일들이 인상적이었던 **구엘 공원**!

무엇보다 새로운 꿈을 갖게 된 곳!

오래 기억에 남을 하루였다!

장하다, 캄 노우에서 비바 바르셀로나를 외치다!

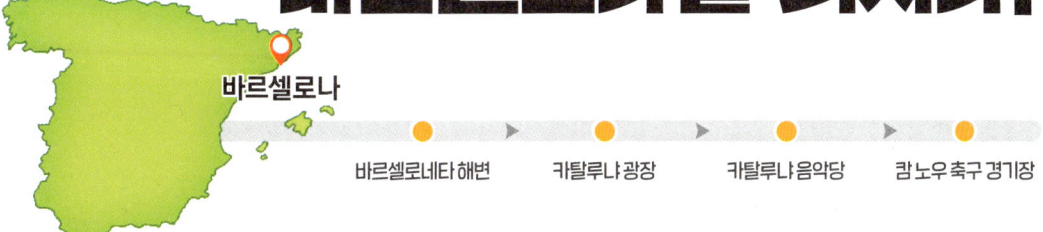

바르셀로나 → 바르셀로네타 해변 → 카탈루냐 광장 → 카탈루냐 음악당 → 캄 노우 축구 경기장

아름다운 해변 바르셀로네타

"캬~ 오늘도 날씨 엄청 좋다!"

이렇게 화창한 날에는 물놀이를 해야지!

만반의 준비를 하고 찾아간 해변은 이미 사람들로 빽빽했어.

모래찜질도 하고, 튜브도 타고, 선탠도 하고! 너무 신났지!

꼬르륵! 한참 놀고 나니 배가 고프네~ 선생님! 점심은 뭔가요?

"얘들아, 오늘은 메뉴 고를 필요 없어! 선생님이 알아서 시킬게!"

웬일이지? 알고 보니 선생님께서 주문하신 건 '메뉴 델 디아'!

'오늘의 메뉴'라는 뜻인데, 에피타이저부터 후식까지 쭉 나오는 코스래.

우아, 어떤 음식이 나올까? 기대돼!

바르셀로나의 중심 **카탈루냐 광장**

바르셀로나의 중심에 있는 **카탈루냐 광장**에 왔어.

광장은 여러 회사와 은행, 가게 건물들로 둘러싸여 있었지.

뜨거운 햇볕을 피해 분수를 구경하거나, 그늘에서 낮잠을 즐기는 사람이 많더라고~

"아~ 나른하다~"

배부른 두기도 낮잠을 자고 싶은가 봐. **큭큭**

나도 시원한 그늘에 앉아 있으니 잠이 솔솔~

선생님, 잠깐 쉬었다 가요!

카탈루냐 광장

'카탈루냐'가 무슨 뜻이에요? ▶ 에스파냐 북동부 지역 이름이야. 바르셀로나가 카탈루냐의 중심 도시지.

앗! 저 건물은 뭐지?

건물 벽에 화려한 조각상들이 매달린 건물이 보였어.

"흐흐, 저건 **카탈루냐 음악당**이야. 건물 안팎이 **웅장하고 화려해서 유명**하지."

오홍~ 이 음악당에서는 수준 높은 공연이 많이 열리는데, 오늘은 아쉽게도 볼 수 없대.

그 대신 내부를 둘러보는 투어를 신청했지.

설명이 다 영어라서 잘 이해하지는 못했지만 콘서트홀은 정말 멋졌어!

천장에는 장미 모양 장식이, 기둥에도 화려한 문양이 새겨져 있었거든!

카탈루냐 음악당 외부

 이 음악당도 유명한 사람이 지은 건가요?

▶ 도메네크 이 몬타네르라는 건축가가 심혈을 기울인 작품이래. 도메네크 이 몬타네르는 가우디의 스승으로 알려져 있지. 음악당은 1997년 유네스코 세계 문화유산으로 지정되었어.

유럽 최고의 축구장 캄 노우

"어? 하다야~ 그 옷은 뭐야?"

아니, 이 유니폼을 모르다니! 이 옷은 세계적인 축구팀 'FC바르셀로나'의 유니폼이라고! 내가 손꼽아 기다리던 축구 경기 관람을 위해 특별히 가져왔지. 게다가 오늘은 최대 라이벌인 레알 마드리드와의 경기가 열리는 날이야! 전 세계 축구 팬이 가슴 설레며 기다리는 날이지~

에스파냐 사람들은 축구를 매우 좋아한대. 축구 팀이 460개가 넘는다는구나!

바르셀로나 이겨라!

우아! 빈자리가 없어요!

"와~ 사람 진짜 많다! 경기장도 엄청 커!"

경기장은 한눈에 들어오지 않을 정도로 엄청 컸어! 10만 명이나 들어갈 수 있대.
우리는 신나게 응원가를 따라 부르며 소리를 질렀지!
너무 즐겁다~ 비바 바르셀로나! (바르셀로나 만세!)

캄 노우는 엄청 넓네요!

▶ 캄 노우는 총 좌석 수가 99,354석으로, 유럽에서 가장 큰 축구 전용 경기장이야.
캄 노우는 카탈루냐어로 '새로운 경기장'이란 뜻이지.

용선생의 스페셜 가이드

독립을 꿈꾸는 카탈루냐 지방

바르셀로나가 있는 카탈루냐 지역은
에스파냐에서 독립하고 싶어 할 만큼 개성이 뚜렷하단다.
카탈루냐에 대해 더 알아보기 위해
아이들이 보고서를 작성했대. 한번 살펴볼까?

 작성자 나선애   제목 **언어도 따로 있는 카탈루냐**

▲ 캄 노우 경기장 입구

 축구 경기장 입구에 카탈루냐어, 에스파냐어, 영어로 '어서 오십시오.'라고 쓰여 있어!

▲ 바르셀로나 거리 표지판

 '광장'도 에스파냐어로는 'Plaza'인데, 카탈루냐어로는 'Plaça'라고 쓴대~

 에스파냐는 1400년대에 카스티야 왕국의 이사벨 1세와 아라곤 왕국의 페르난도 2세가 결혼하면서 통일됐어.

카탈루냐 지방은 에스파냐 북동부에 있어. 바르셀로나가 바로 카탈루냐 지방의 중심 도시지. 에스파냐는 원래 오랜 시간 여러 왕국으로 나뉘어 있었어. 그래서 오늘날에도 각 지역별로 지역색이 강한 편이야. 그중 아라곤 왕국의 중심 지역이었던 카탈루냐는 아직도 자신들만의 언어와 문화를 유지하며 살아갈 정도지. 마치 하나의 국가처럼 말이야. 카탈루냐 지방에서 쓰는 언어는 카탈루냐어인데, **800만 명이나 되는 사람들이 카탈루냐어를 사용**한대. 꽤 많은 사람들이 사용하지?

작성자 곽두기　　**제목** 카탈루냐는 왜 독립하고 싶어 할까?

▲ 매년 수천만 명의 관광객이 찾는 바르셀로나

카탈루냐 사람들이 독립을 원하는 이유에는 언어와 문화의 차이도 있지만, 경제적인 이유도 커. **카탈루냐는 에스파냐에서 가장 잘 사는 지역**이거든! 에스파냐 국내 총생산(GDP)의 5분의 1을 차지할 정도지. 그래서 에스파냐에서 가장 많은 세금을 내고 있지만, 그 혜택이 다른 지역에 돌아가고 있어서 불만이 크대. 또, 관광 수입이 많기 때문에 경제적으로 자립이 가능하다고 생각하지.

작성자 왕수재　　**제목** 지금도 진행 중인 독립 시위

▲ 바르셀로나 거리를 가득 메운 시위대

▲ 엘 클라시코 경기 중 독립 찬성 피켓을 든 사람들

카탈루냐 지역은 지금도 독립을 원하고 있어. 그래서 2014년과 2017년에 독립에 대한 찬반 여부를 묻는 투표를 진행했는데 두 번 모두 참여자 80퍼센트 이상이 독립에 찬성했지. 또, 2019년에 바르셀로나에서 235만 명이 모인 대규모 독립 시위가 벌어졌대. 투표 결과는 무효가 됐지만 독립을 요구하는 목소리는 레알 마드리드와의 축구 경기에서 라이벌 감정으로 잘 드러나. 레알 마드리드는 카탈루냐의 독립을 막는 에스파냐의 중앙 정부가 있는 수도에 속한 팀이고, FC바르셀로나는 카탈루냐의 중심 도시에 속한 팀이거든. 그래서 이 두 팀의 대결이 열리는 달이면 각 지역의 자존심 싸움으로 열기가 매우 뜨겁단다.

다른 그림 찾기

축구 경기를 보던 중 기념 사진을 찍었어.
두 장을 찍었는데 이제 보니 다른 데가 일곱 군데나 있네?
어디인지 함께 찾아보자!

허영심, 성가대의 노래에 눈물 흘리다!

몬세라트

몬세라트 기차역 ▶ 바위산 전망대 ▶ 몬세라트 대성당

감동

바삭하고 쫄깃한 간식 추로스

오늘은 바르셀로나에서 기차로 한 시간쯤 떨어진 '몬세라트'로 간대. 선생님께서 산에 올라야 하니 바지를 입으라고 하셨지. 으아, 등산이라니! 그나저나 어디서 고소한 냄새가 나는데? 앗! 맞다! 추로스 샀지~!

"추로스는 밀가루 반죽을 막대 모양으로 만들어서 기름에 튀긴 에스파냐 전통 요리란다. 주로 아침 식사나 간식으로 먹지."

갓 튀겨서 따뜻한 추로스를 진한 초콜릿에 찍어 먹으니 진짜 꿀맛!

추로스

추로스 먹으며, 떠들다 보니 몬세라트에 금방 도착했어.

"자~ 산악 열차로 갈아타야 하니 잘 따라오렴!"

또 기차를 탄다고요? 말이 끝나기 무섭게 자그마한 초록색 기차가 들어왔어.

기차는 위로, 또 위로 올라갔지.

"헐! 저기 봐~ 저 바위들 진짜 멋지다!"

알고 보니 몬세라트는 특이하게 생긴 바위산으로 유명하대.
가우디에게 영감을 준 곳이기도 하더라고!

몬세라트 바위산도 등산할 수 있어요? ▶ 몬세라트산은 자연 보호 구역으로 지정되어 있어. 하지만 높은 봉우리까지 이어지는 다양한 산책로가 있어서 등산도 할 수 있지.

몬세라트 바위산

우리는 멋진 경치를 따라 전망대까지 오르기로 했어. 가장 높은 곳은 1,236미터나 된대! 등산은 별로 안 좋아하지만 시원한 바람을 맞으며 사뿐사뿐 걸으니 기분이 꽤 좋은걸?
산 모양이 **들쑥날쑥, 올록볼록** 신기해서 더 재미있는 것 같아~
절벽 위 좁은 길을 지나갈 때는 다들 조심조심, 한 줄로 걸어갔지.

"만세! 도착이다!"

조금 지칠 때쯤 전망대에 도착했어!

산 꼭대기에서 아래를 내려다보니 마치 구름 위에 올라온 것 같았지.

내가 이렇게 높은 곳까지 올라오다니! 엄청 뿌듯해! 야호!

우아, 산 모양이 뾰족뾰족하네.

그래서 몬세라트는 카탈루냐어로 '톱니 모양의 산'이라는 뜻이지. 헥헥

성가대 공연을 즐길 수 있는 몬세라트 대성당

휴~ 내려오는 건 금방이네! 어? 저 건물은 뭐지?

"**몬세라트 대성당**과 **수도원**이란다. 지어진 지 천년이 넘은 건물이지."

우아! 산속에 이렇게 아름다운 성당이 숨어 있다니!

"앗, 벌써 시간이 이렇게 됐네. 얘들아, 얼른 들어가자!"

성당 안으로 들어가자 사람들로 북적였어. 무슨 일이지?

우리도 성당 의자에 앉아 자리를 잡고 기다리는데, 갑자기 성당 안이 밝아졌어!

그리고 하얀 옷을 입은 소년들이 등장했지. 알고 보니 유럽에서 가장 오래된 '**에스콜라니아 성가대**'의 공연이 시작된대!

노래는 아름답고, 가만히 듣다 보니 마음이 뭉클해졌어. 괜히 눈물도 찔끔 났지.

"선생님~ 허영심 운대요~"

에잇, 장하다! 내 감동을 깨뜨리다니!

영심아, 눈물이 쏙 들어갔지? 호호

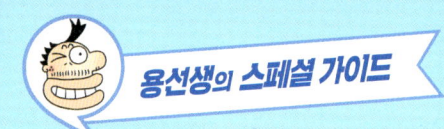

에스파냐 자연 구석구석 살펴보기!

벌써 에스파냐를 여행한 지 4일이나 지났네! 그동안 바다에도 가고, 산에도 갔었지.
에스파냐에서는 지역별로 다양한 자연을 만날 수 있대.
지역마다 어떤 특성이 있는지 함께 알아볼까?

높고 평평한, 메세타고원

에스파냐의 중앙부는 해발 고도가 약 600미터 정도인 고원 지대야. 이 고원 지대의 이름은 '메세타'인데 에스파냐어로 '탁자'라는 뜻이지. 수도 마드리드가 바로 여기 한가운데에 있어. 메세타고원에서는 드넓은 초원과 밀밭을 감상할 수 있지.

▲ 메세타고원의 밀밭

▲ 남부의 올리브 농장

에스파냐의 뜨거운 땅, 남부

남부 지역에서는 사막과 습지, 높은 산과 해안까지 다양한 자연을 만날 수 있어. 그중 안달루시아 지방은 땅이 비옥하고 따뜻해서 포도, 오렌지, 올리브를 많이 키우지. 유럽에서 생산되는 올리브의 3분의 1이 안달루시아에서 나온대.

피레네산맥이 있는 북부

북부 지역은 피레네산맥에서 포르투갈 국경까지 높은 절벽과 긴 해안으로 이루어져 있어. 프랑스와 국경을 이루는 피레네산맥은 해발 고도 3,000미터를 넘는 험한 산지야. 이 지역에서는 양을 많이 키워서 언덕 곳곳에서 양떼를 모는 모습을 흔하게 볼 수 있어. 또, 이 지역에는 구석기 시대 동굴 벽화가 남아 있는 '알타미라 동굴'이 있단다.

▲ 피레네산맥의 양떼

▲ 알타미라 동굴 벽화

에스파냐는 전국의 3분의 1 정도가 산지야.

발레아레스 제도

카나리아 제도

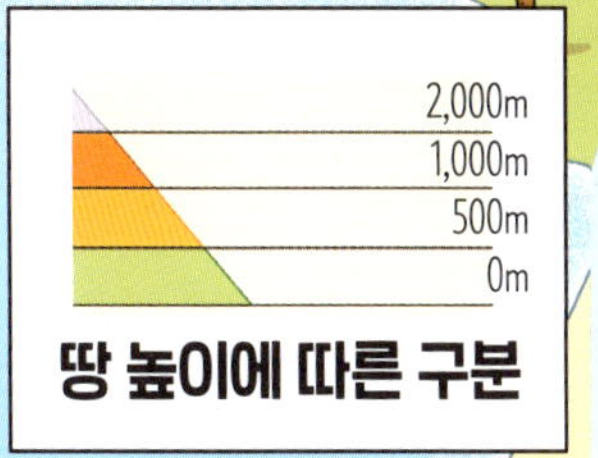

땅 높이에 따른 구분
2,000m
1,000m
500m
0m

여기도 에스파냐 땅! 카나리아 제도, 발레아레스 제도

에스파냐 본토에서 멀리 떨어진 섬이야. 카나리아 제도는 아프리카 북서부 대서양에, 발레아레스 제도는 지중해 서부에 있지. 두 곳 모두 아름다운 풍경과 따뜻한 날씨 때문에 휴양지로 유명해.

▲ 카나리아 제도 풍경

미로 찾기

몬세라트 바위산에서 나 혼자 남겨져 버렸네!
어떤 길로 가야 선생님과 아이들에게 갈 수 있을까?

곽두기, 토마토 축제에 뛰어들다!

발렌시아 시청 광장 ▸ 예술과학단지 ▸ 부뇰 토마토 축제 ▸ 파에야 요리 교실

축제의 도시 발렌시아

시청 광장 앞 축제 모습

투론

에스파냐 여행 5일째! 우리는 발렌시아에 도착했어.
발렌시아는 크고 작은 축제가 많이 열리는 곳이래.
"여기는 발렌시아에서 열리는 축제의 중심, 시청 광장이란다."
우리는 에스파냐에서 가장 유명한 축제를 즐길 예정이야!
본격적으로 발렌시아를 탐방하기 전에
투론이라는 고소한 간식을 먹고 에너지를 충전!!

발렌시아는 어디에 있어요?
▶ 발렌시아는 에스파냐 동부 해안에 있어. 에스파냐에서 세 번째로 큰 도시이자, 두 번째로 큰 항구가 있지.

"우아! 저거 봐! 거대한 물고기 뼈 같다!"
"저건 엄청 큰 투구 같아!"
특이한 건물이 가득한 이곳은 예술과학단지래.
예술, 과학과 관련된 시설이 모여 있는 곳이지.
정말 재미난 볼거리들이 가득한 곳이었어.
수재 형은 과학 박물관에서 여러 실험을 해 보고,
선애 누나랑 하다 형은 해양 박물관에서
상어랑 돌고래를 봤대.
나는 영심이 누나랑 독특한 건물들과 셀카를 잔뜩 찍었지! 후훗

예술과학단지 야경

예술과학단지에 또 어떤 곳이 있어요?

▶ 현대식 오페라 하우스인 '레이나 소피아 예술 궁전'과 큰 규모의 행사가 열리는 '엘 아고라'라는 곳도 있어.

📍 부뇰 토마토 축제

우리는 발렌시아에서 가까운 부뇰이라는 작은 도시로 갔어.
에스파냐에서 가장 유명한 '토마토 축제'가 열린다고 했거든!
축제가 열리는 광장에는 사람들이 들뜬 얼굴로 모여 있었어.
곧 대포 소리가 들리고, 여기저기서 토마토가 쏟아져 내렸지.
퍽! 하다 형이 먼저 공격하네? 내 토마토도 받아라! 얍!
선생님도 엄청 신나셨네!

토마토 축제는 언제 열려요?

▶ 현지에서 '라 토마티나'라고 부르는 이 축제는 매년 8월 마지막 주 수요일에 열려. 8월 마지막 주 내내 음악과 춤 공연, 거리 행진 등이 벌어지고 토마토 던지기는 수요일에 딱 1시간 동안만 진행된대.

"푸하하! 왕수재 너 얼굴 좀 봐~"
"나선애 너도 만만치 않거든?!"
엉망이 된 서로의 얼굴을 보니
웃음이 나네! 헤헤

부뇰 토마토 축제 즐기는 방법

① 사람들이 긴 막대 끝에 매달린 햄을 따면 축제가 시작돼.

② 토마토를 가득 실은 트럭이 광장으로 들어와 골목마다 토마토를 쏟아.

③ 토마토 속에서 뒹굴면서 축제를 즐겨.

④ 난장판이 된 도시는 미화원과 자원봉사자들이 깨끗하게 정리하지.

에스파냐 대표 요리 파에야

오늘은 특별히 우리가 직접 에스파냐 요리를 만들어 먹기로 했어.

만들어 볼 요리는 바로 '파에야'!

에스파냐를 대표하는 요리인데 발렌시아가 특히 유명하대.

"자, 둘씩 짝지어서 만들어 볼까?"

그럼 나는 선애 누나와 한편! 손도 닦고, 앞치마도 하고! 한번 시작해볼까?

우선 넓적한 팬에 올리브기름을 두르고 양파, 마늘 같은 채소와

해산물을 넣고 볶았어. 그리고 쌀과 사프란이라는 노란색 향료를 넣었지.

흐흐, 샛노랗고 반드르르한 모양이 꽤 먹음직스러워!

하다 형~ 왜 우리 거 뺏어 먹어!

웩! 하다 형이 만든 파에야는 뭘 넣은 거야?!

파에야

에잇 모르겠다! 다 집어 넣자!

용선생의 스페셜 가이드

온몸이 들썩이는 에스파냐의 축제들

에스파냐는 일년 내내 축제가 열리는 나라라고 할 정도로 축제가 많아. 에스파냐에서만 볼 수 있는 독특한 축제가 많아서 전 세계 관광객들이 모여들지. 토마토 축제 말고도 어떤 축제가 있는지 알아볼까?

파야스 축제

발렌시아 / 3월

축제가 끝나면 이렇게 멋진 인형을 태워버린대!

'파야스'라 불리는 거대한 인형을 만들어 거리에서 행렬한 뒤, 축제 마지막 날 모두 불태워버리는 축제야. 인형은 주로 유명한 정치인이나 애니메이션 캐릭터를 본떠 만드는데, 투표를 해서 가장 많은 표를 얻은 인형은 축소해서 박물관에 전시한대. 이 축제는 쓸데없는 물건이나 실패작, 옛것을 태워 나쁜 기운을 없애고 새것을 향한 길을 튼다는 의미로 시작되었대.

세마나 산타 축제

에스파냐 전국 / 4월

와~ 사람이 엄청 많아요~

이 행렬을 보려고 두세 시간씩 기다린단다.

에스파냐는 국민의 70퍼센트 이상이 가톨릭교를 믿어. 그래서 예수님이 부활한 것을 축하하는 부활절 축제가 도시마다 성대하게 열리지. 부활절 전 일주일 동안 예수님의 수난과 죽음을 기념하는 축제도 열리는데, 그 축제가 바로 '세마나 산타'야. 축제 기간이 되면 성당 안에 있는 예수와 마리아 조각상을 들고 행진하며 예수님이 겪은 고난을 재현한단다. 에스파냐에서는 세마나 산타 기간의 목요일, 금요일을 공휴일로 지정하기도 했어!

산 페르민 축제

'산 페르민'은 팜플로나를 지켜주는 성인(聖人)의 이름이야. '산 페르민 축제'는 이 성인의 탄생일을 기념하는 종교 축제로 시작했지만, 지금은 여러 행사가 늘어나면서 9일 동안 축제가 열린대. 축제 중 가장 유명한 행사는 화난 소 여섯 마리를 거리에 풀어 놓고 소를 몰아 정해진 장소에 가두는 행사야. 하얀 옷에 빨간 허리띠를 두른 사람들 수백 명이 소와 함께 거리를 달리며 투우장으로 소를 유인해 가지. 투우 시합에 참가하는 사나운 소를 다루기 때문에 다치지 않게 조심해야 해!

카탈루냐 인간 탑 쌓기 축제

1700년대 말부터 이어진 카탈루냐 지방의 전통 축제야. 전통 음악의 박자에 맞춰 100~200명이 모여 다른 사람의 어깨를 밟고 올라가며 층층이 탑을 쌓아 올리지. 6층에서 10층까지 쌓아 올린 인간 탑 모습을 보면 박수가 절로 나올걸? 2010년 유네스코 인류 무형 문화유산에 등재되었어.

설명에 알맞은 사진 찾기

앗! 여행 사진이 마구 뒤섞여 버렸네.
아이들이 이야기하는 사진이 어떤 건지 찾아서 동그라미 쳐 줄래?

허영심, 에스파냐 왕궁의 화려함에 반하다!

아토차역 ▶ 마요르 광장 ▶ 마드리드 왕궁 ▶ 프라도 미술관 ▶ 레티로 공원

에스파냐의 수도 마드리드

"얘들아, 일어나~ 아토차역에 도착했어!"

하암~ 기차에서 한숨 자고 일어나니 에스파냐의 수도 마드리드에 도착했어.

짐을 챙겨서 기차역 바깥으로 나가는데, 오잉? 기차역에 무슨 나무가 이렇게 많아?

"흐흐, 마드리드 시민들을 위해 만든 식물원이란다~"

알고 보니 오래된 역 건물에 이렇게 식물원을 만들어 놓은 거래.

오~ 마드리드~ 첫인상부터 마음에 드는데?

마드리드는 언제부터 수도였어요?

▶ 마드리드는 1516년부터 에스파냐의 수도였어. 오늘날 에스파냐의 정치, 문화, 경제 중심지야.

호텔에 짐을 풀고 마드리드의 중심이라 불리는 마요르 광장에 왔어. 4층짜리 건물이 광장을 에워싸고 있었지.
"옛날에는 여기서 나라의 공식 행사가 열렸단다. 재판이나 투우 경기도 했지~"
지금은 마드리드 시민들의 휴식 공간으로 사용되는데, 일요일에는 벼룩시장, 겨울에는 크리스마스 시장이 열린대. 재밌을 것 같은데… 못 봐서 아쉽다!

마요르 광장의 크리스마스 시장

마드리드 왕궁

"자, 그럼 에스파냐 왕들이 살았던 궁전에 가볼까?"

길을 걷다 보니 하얗고 웅장한 건물이 나타났어! 여기가 궁전인가 봐!

"얘들아, 이 궁전에는 방이 무려 2,800개나 있단다!"

헐! 언제 다 둘러본담? 알고 보니 관광객들은 그중에 50개 방만 볼 수 있대.

와! 방마다 볼거리가 어찌나 많은지 감탄이 절로 나왔어.

에스파냐 왕의 왕좌가 있는 방, 벽면이 도자기로 장식된 방, 화려한 연회가 열리는 대형 식당까지! 심지어 계단까지 우아했다니까~

여기 있으니 내가 꼭 공주가 된 것 같네! 마드리드 왕궁 내 스타일이야♥

궁전을 지키는 군인들이구나! 멋져!

다 보려면 서둘러야겠다!

에스파냐에 지금도 왕이 있어요?

▶ 응. 에스파냐는 입헌 군주제를 따르는 나라야. 지금 왕은 펠리페 6세로, 주로 나라를 대표하는 외교 사절 역할을 하지. 에스파냐 왕과 왕비는 마드리드 교외에 있는 사르수엘라궁에 살고 있대.

명작이 가득한 **프라도 미술관**

이번에는 '프라도 미술관'에 가기로 했어.
에스파냐가 자랑하는 세계적인 미술관이래.
사람이 어찌나 많은지 한참이나 줄을 서야 했어.
"프라도 미술관에는 유럽 여러 나라의 명작이 있단다. 나라별로 작품을 볼 수 있지."
그럼 에스파냐에 왔으니, 에스파냐 작품부터 보러 가볼까?

프라도에는 얼마나 많은 작품들이 있어요?
▶ 에스파냐 왕실이 소장한 작품을 중심으로 2만 점이 넘는 작품이 전시되어 있어.

"어머, 이 그림들 좀 봐!"
똑같은 자세의 여인이 누워 있는 모습이었는데,
하나는 옷을 입고, 다른 하나는 옷을 벗고 있는 그림이었어.
이 그림을 그린 사람이 누구지? 프란시스코 고야?!
조용히 있던 수재가 엄청 유명한 화가라고 알려줬어.
오홍~ 다른 에스파냐 예술가들의 작품도 더 감상해 볼까?

프라도 미술관에서 꼭 보아야 할 작품은 무엇인가요?

▶ 프라도 미술관은 에스파냐 화가들의 작품이 많아. 에스파냐 회화의 3대 거장이라 불리는 엘 그레코, 고야, 벨라스케스를 비롯해 16~17세기에 활약했던 화가들의 작품이 유명하지.

새끼돼지 통구이 요리 코치니요 아사도

에스파냐 새끼돼지 통구이 요리
코치니요 아사도

어휴~ 왕궁부터 미술관까지 오래 걸었더니 힘들고 배고프다!

"선생님~ 고기 먹고 싶어요! 고기!"

호호, 하다랑 마음이 통했네! 선생님은 딱 맞는 식당이 있다며 씩 웃으셨지.

"우아~ 통돼지 구이네요?!"

두기 말대로 새끼 돼지를 통으로 구운 요리였어.

으으~ 돼지 머리까지 그대로 있잖아? 근데 맛을 보니 고기가 사르르 녹을 정도로 부드럽지 뭐야! 너무 맛있어서 금세 다 먹어 버렸네~

아~ 배부르다! 소화도 시킬 겸 미술관 바로 옆에 있는 공원에 갔어.

이 공원은 마드리드에서 제일 넓대.

커다란 호수도 있고, 나무도 엄청 많았지. 이름은 레티로 공원!

"어? 저기 저글링*하는 사람 있다!"

*여러 개의 공을 던져 묘기를 부리는 걸 말해.

"오! 저기 연주하는 사람들도 있어요~"

공원 곳곳에 볼거리가 가득했어. 나는 우아하게 호수에서 보트를 탈 거야!

나랑 보트 탈 사람~ 여기 여기 붙어라~ 힝~ 아무도 없어?

용선생의 스페셜 가이드

에스파냐가 낳은 위대한 예술가들

프라도 미술관 구경은 재밌었니?
알고 보면 에스파냐는 여러 뛰어난 예술가들의 고향이기도 해.
에스파냐를 빛낸 예술가들을 알아보자!

엘 그레코 (1541년~1614년)

나는 그리스에서 태어났어. 그래서 본명인 '도메니코스 테오토코풀로스' 대신, 그리스인이라는 뜻의 '엘 그레코'로 불리지. 에스파냐의 궁정 화가로 활동하며, 여러 성당에 그림과 조각 등 많은 작품을 남겼다네. 이 작품도 그중 하나지!

엘 그레코, <오르가스 백작의 매장>(1588년)

미겔 데 세르반테스 (1547년~1616년)

나는 에스파냐를 대표하는 소설가이자, 극작가 세르반테스라네! 중세의 기사 소설을 너무 많이 읽어서 정신이 이상해진 시골 귀족의 이야기 《돈키호테》로 유명하지. 서양에서는 성경 다음으로 많이 번역된 소설이라고!

우리가 바로 이 소설의 주인공!

돈키호테
산초

미겔 데 세르반테스, 《돈키호테》 초판본 표지(1605년)

디에고 벨라스케스, <로커비 비너스>(1644년)

디에고 벨라스케스 (1599년~1660년)

나는 1600년대 펠리페 4세 때 궁정 화가가 된 이후 평생 궁정 화가로 살았어. 뛰어난 관찰력으로 정물화와 초상화를 주로 그렸지. 이 그림은 내가 유일하게 사람의 벌거벗은 모습을 그린 그림이야. 에스파냐 화가가 그린 최초의 누드화지!

프란시스코 고야 (1746년~1828년)

나도 궁정 화가로서 왕실의 초상화는 물론 수많은 역사적인 사건을 기록한 그림과 전쟁의 광기를 표현한 작품들을 남겼지. 이 그림은 에스파냐를 점령하려는 프랑스 군대에 맞서는 에스파냐 사람들의 모습을 나타낸 거라네. 내가 평생 그린 작품이 1,870점이나 된다지?

프란시스코 고야, <1808년 5월 3일 마드리드>(1814년)

파블로 피카소 (1881년~1973년)

나는 그림뿐 아니라 조각과 무대 연출 등 다양한 분야에서 활동했지. 그림 주제도 전쟁과 빈곤, 사랑 등 매우 다양해. 나는 주로 네모, 세모, 동그라미와 같은 단순한 도형을 활용해 작품을 만들었는데, 전 세계 사람들에게 독창적인 작가로 인정 받고 있지!

파블로 피카소, <여성의 두상>(1971년)

범인 찾기

누군가 프라도 미술관에서 고야의 그림을 훔쳐 갔어!
용의자는 모두 다섯 명! 아래 증언과 힌트를 보고 범인을 찾아줄래?

장하다, 톨레도 골목에서 길을 잃다?!

톨레도 — 소코도베르 광장 ▶ 미라도르 전망대 ▶ 톨레도 대성당 ▶ 알카사르

에스파냐의 옛 중심지 톨레도

오늘은 마드리드에서 가까운 작은 도시 **톨레도**에 도착했어!

"톨레도는 마드리드가 수도가 되기 전까지 에스파냐 정치, 문화의 중심지였단다."

그래서 아주 오래된 건물들이 많이 남아 있는 곳이래.

우리는 광장에서 톨레도를 둘러볼 수 있는 귀여운 열차를 탔어.

본격적인 톨레도 여행 시작~

비사그라의 문

바사그라의 문

톨레도는 구시가지 전체가 유네스코 세계 문화유산으로 지정될 정도로 볼거리가 많은데~

소코도베르 광장

덜컹~ 덜컹~

산토토메 성당

톨레도 대성당

알카사르

엘 그레코 박물관

톨레도는 역사가 오래된 도시인가 봐요?

▶ 톨레도는 아주 먼 옛날 로마 제국 시대부터 발전한 도시야. 그래서 다양한 시대의 유적을 볼 수 있지. 1986년에 도시 전체가 유네스코 세계 문화유산으로 지정됐대.

털털털~ 꼬마 열차는 톨레도를 크게 한 바퀴 돈대.

오? 한국어로 설명도 나오잖아? 친절한 한국어 설명을 들으며 풍경을 감상했지.

"어? 여기서 내려요?"

여기는 톨레도의 경치가 한눈에 보이는 전망대라,

사진 찍으라고 잠깐 세워주는 거래!

영심이는 한참 사진을 찍더니 인생 사진 건졌다며 좋아하더라고~

한 백 장 정도 찍은 거 아냐? 쿡쿡

뒤로 보이는 강 이름이 뭐예요?

▶ 톨레도 중앙부를 흐르는 저 강은 타호강이야. 에스파냐가 있는 이베리아반도에서 가장 긴 강이지.

톨레도 대성당

이제 내 발로 톨레도를 구석구석 둘러볼 시간! 가장 먼저 간 곳은 **톨레도 대성당**이었어. 엄청 거대한 성당이었는데 글쎄, 다 짓는 데 200년이 넘게 걸렸대!

가까이 가서 보니 성당 벽에는 세밀한 조각이 곳곳에 새겨져 있었어. 사람들을 조각해 놓은 것도 많았는데, 조각마다 생김새와 옷차림이 다 다르고 엄청 섬세하더라고~

머리카락, 수염까지 엄청 섬세하다!

톨레도 대성당은 에스파냐 가톨릭을 총괄하는 곳이란다.

으리으리 하네요~

"우아~ 저기 좀 봐!"
우리는 성당 안에 들어가자마자 입이 떡 벌어졌어.
성당 가운데에 금빛으로 반짝거리는 제단* 장식이 있었거든!
*미사를 드리는 단
우리는 잠시 말없이 화려한 제단을 바라봤어.
너무 아름답더라~ 위에서부터 아래로 쭉 살펴보는데,
수재가 예수님 이야기인 것 같다고 귓속말로 알려줬지.
저렇게 하나하나 정교하게 인물들을 새겨 넣다니…
정말 정성이 대단하네!

엘 그레코,
<엘 에스폴리오>

성당 안에 다른 볼거리도 있나요?

▶ 프랑스 왕이 선물한 '황금의 성서'와 에스파냐를 대표하는 화가 엘 그레코의 작품 <엘 에스폴리오>도 꼭 봐야 할 볼거리야. <엘 에스폴리오>는 예수의 최후를 보여주는 그림인데, 빨간 옷을 입고 있는 예수의 모습이 아주 인상적이지.

 ## 언덕 위에 있는 성 알카사르

"이제 톨레도에서 가장 높은 곳으로 가볼까?"

조용한 성당에서 단잠을 자고 일어난 선생님이 개운한 얼굴로 말씀하셨어. 호호 오래된 다리를 건너 뾰족한 탑이 솟아 있는 곳으로 향했지.

이곳은 '알카사르'! 에스파냐 말로는 '성'이라는 뜻이래.

그러니까 톨레도 성이군!

지금 톨레도 알카사르는 온갖 무기가 전시된 박물관으로 쓰이고 있었어.

오옷? 저 갑옷 멋진데?

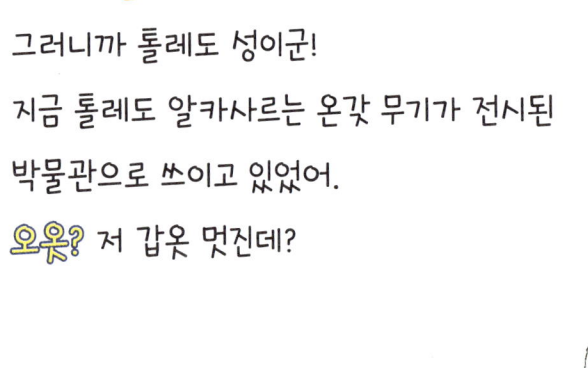

언덕 위에 있는 알카사르

"선생님~ 너무 힘들어요… 간식 먹으러 가요!"

내가 딱 하고 싶은 말이었는데! 나도 마침 뱃속에서 꼬르륵 소리가 요동치고 있었거든~

음~ 달달한 냄새! 선생님께서 사 주신 간식은 톨레도의 전통 과자 마사판!

한입 깨물어 보니 과자 안에 달콤한 앙금이 가득 차 있었어.

크기가 작아서 두 개로는 성에 안 차네?

휙! 수재가 손에 쥐고 있던 마사판을 낚아채서 가게 옆 골목으로 도망쳤어.

신나게 달리다 보니…

여기가 어디지? 선생님~ 수재야~

톨레도 전통 과자 마사판

 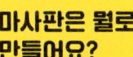

마사판은 뭘로 만들어요?

▶ 마사판은 아몬드 가루와 설탕을 반죽해서 만들어. 화려한 색깔과 여러 모양으로 만들지.

마드리드 근처 볼거리 알아보기!

마드리드 근처에는 톨레도 말고도 역사적인 볼거리가 많아. 선생님이 SNS에 올린 사진을 보면서 어떤 볼거리가 있는지 확인해볼까?

 yongteacher_official

세고비아는 마드리드에서 버스로 1시간 정도 가면 있는 오래된 도시야! 대학생 때 배낭여행으로 갔던 곳이지. 제일 기억에 남는 건 바로 에스파냐가 로마 제국의 지배를 받을 때 지어진 **수도교**! 멀리 산속의 물을 도시까지 끌고 와서 물을 공급하던 건축물이래. 2천 년 가까이 한자리를 지켜온 세고비아의 상징이야. 높이는 30미터에, 길이는 800미터가 넘는다던데, 정말 대단해!

#세고비아 #수도교 #로마시대건축물 #끝이_어딘지_못봄 #아옛날이여

yongteacher_official

아이들이 늦잠 자던 아침, 재빠르게 다녀온 **엘 에스코리알 수도원**! 펠리페 2세가 1580년대에 지었는데, 왕궁이자 수도원으로도 쓰였지. 아름다운 숲속 가운데에 자리 잡은 걸로 특히 유명해. 규모도 엄청나. 무려 방이 300개, 안뜰이 16개! 카를 5세부터 에스파냐의 역대 왕들의 무덤이 있어서 에스파냐의 전성기를 어렴풋이 느낄 수 있어.
#엘_에스코리알_수도원 #마드리드근교
#아침드라이브 #혼자만의시간

 yongteacher_official

엘 에스코리알 수도원에서 돌아가기 아쉬워 급하게 찾아간 곳! 에스파냐의 아픈 역사가 담겨 있는 장소지. 이름은 **전몰자의 계곡**. 1930년대 에스파냐는 두 편으로 나뉘어 3년간 치열한 내전을 벌였는데, 여기에는 그 전쟁에서 사망한 4만여 명이 묻혀 있다고 해. 바위산 정상에 서 있는 150미터가 넘는 거대 십자가가 인상적이었어. 어휴, 전쟁은 끔찍하다는 것을 다시금 느끼고 돌아왔지.
#전몰자의계곡
#에스파냐내전
#전쟁은_나빠

자유 시간 끝! 얘들아 용선생이 간다~!

부아아아앙

내전을 일으킨 프란시스코 프랑코 (1892년~1975년)

숨은 물건 찾기

멀리 알카사르가 보이는 다리 위에서 단체 사진을 찍었어.
그런데 지금 보니 여러 물건들이 숨어 있네?
모두 7개야. 물건이 어디 숨어 있는지 찾아볼래?

찾을 물건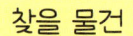

나선애, 플라멩코를 배우다!

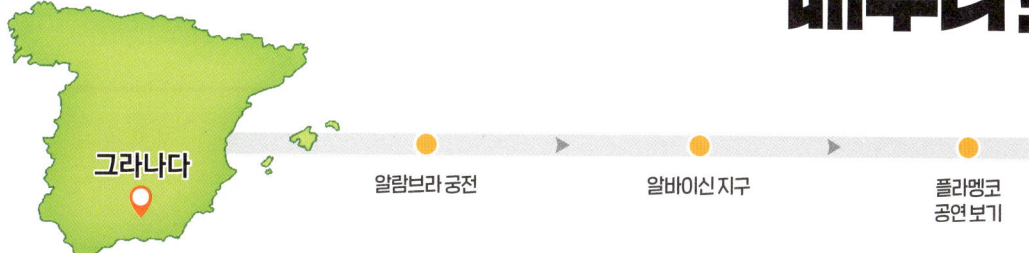

그라나다 ▶ 알람브라 궁전 ▶ 알바이신 지구 ▶ 플라멩코 공연 보기

알람브라 궁전

"자~ 여기는 이슬람 왕국의 흔적을 엿볼 수 있는 대표적인 건축물이란다. 이름은…"
앗, 선생님! 제가 알아요! 아름다운 이곳의 이름은 바로 **알람브라 궁전**!
알람브라는 **에스파냐 남부의 도시 그라나다**에 있는 궁전이야.
이슬람 세력이 700년 넘게 에스파냐를 차지했었는데 그 중심지가 바로 그라나다래. 그래서 이슬람의 흔적을 곳곳에서 느낄 수 있지.

장식이 엄청 독특하다~

이런 장식을 '아라베스크'라고 해. '아라비아풍'이라는 뜻인데, 이슬람 건축물의 벽면이나 공예품 장식에서 볼 수 있는 독특한 무늬래!

형! 고양이가 아니라 사자야~

선생님~ 고양이가 12마리나 있어요!

'알람브라'는 무슨 뜻이에요?
▶ 아랍어로 '붉은 성'이라는 뜻이야. 해질녘 노을에 붉게 물드는 성채의 모습에서 유래한 이름이래. 용선생의 스페셜 가이드에서 알람브라 궁전에 대해 구석구석 알려줄게!

궁전에는 정해진 시간에만 들어갈 수 있는 곳이 있어서 서둘렀어.

"이곳은 나스르 궁전~ 알람브라의 핵심이란다."

벽과 천장, 창문까지 화려하게 장식된 게 인상적인 건물이었어.

저기 하얀 돌사자 조각상도 예쁜데?

파란 하늘과 뜨거운 햇볕에 어울리는 풍경이야!

호호, 그래서 이곳의 이름이 '사자의 궁'이란다. 내부가 화려해서 알람브라 궁전 중에서도 인기가 많지.

찰칵

언제 이슬람 세력이 에스파냐를 지배했어요?

▶ 711년에 이슬람 세력이 에스파냐를 침략했어. 그 후 에스파냐는 1492년 마지막 이슬람 왕국인 그라나다의 나스르 왕국이 망할 때까지 무려 781년 동안 이슬람의 영향 아래 있었단다.

📍 아랍인이 살던 **알바이신 지구**

"이번에는 새로운 각도에서 알람브라 궁전을 감상해볼까?"

또요? 땡볕 아래에서 돌아다니느라 힘든데… 이번엔 웬 언덕을 올라가야 한대!

선생님께서는 절대 후회하지 않을 거라며 힘내라고 하셨지.

"옛날에 이 언덕에는 이슬람교를 믿는 아랍인들이 살았단다.

이름은 알바이신 지구!"

헉헉, 그래요? 오르락내리락 힘들었겠다~

"짜잔~ 얘들아 멋지지 않니?"

오옷! 진짜네? 멀리 알람브라 궁전 풍경이 한눈에 들어왔어. 아까랑은 또 다른 느낌이었지. 역시 우리 선생님은 최고의 가이드라니까!

하얀 집이 모여 있는 알바이신 지구

알람브라 궁전과 관련된 유명한 기타 곡도 있다면서요?

▶ 에스파냐를 대표하는 기타 작곡가가 알람브라 궁전을 보고 받은 감동을 기타 연주곡으로 작곡했대. 그 작품이 바로 '알람브라 궁전의 추억'이란 곡이지. 기타 선율이 아주 아름다우니 찾아 들어보렴!

다들 만족스러워하며 내려오다 보니
시장이 나타났어.
좁은 골목에 여러 아랍 상점들과 찻집이 늘어서
있었지. 알록달록한 무늬의 양탄자부터 예쁜 가방,
주전자까지! 사고 싶은 게 너무 많더라고~
"어머, 나 마음에 드는 게 너무 많아!"
앗! 영심이가 용돈을 많이 쓰는 거 같은데? 영심아 정신 차려!

다양한 물건들이 가득한 시장 골목

에스파냐의 전통 예술 플라멩코

"우리 오늘 공연 보는 날 아니에요?"

아우, 깜짝이야. 여행 일정표를 보던 하다가 흥분해서 소리쳤어.

그런데 무슨 공연이길래 자꾸 언덕 위로 올라가는 거지?

어? 동굴 안에 공연장이 있네?

"호호, 오늘 볼 공연은 플라멩코란다! 에스파냐 남부 지역의 전통 예술이지."

특히 그라나다 지역의 플라멩코 공연은 좁은 동굴에서 열리는 경우가 많대.

그라나다의 플라멩코 공연은 왜 동굴에서 하나요?

▶ 플라멩코는 오랫동안 여기저기를 떠돌아다니며 사는 집시들이 만든 춤이야. 옛날에 집시들은 언덕에 땅굴을 파서 집을 만들어 살았어. 그래서 지금도 동굴에 있는 공연장이 많단다.

쉿! 시작한다! 치렁치렁한 장식이 많은 옷을 입은 무용수가 나오더니 발을 쾅쾅 구르며 춤을 추기 시작했어. 옆에서는 기타를 연주하고, 손뼉을 치며 노래도 불렀지. 내 눈 바로 앞에서 펼쳐지는 열정적인 공연을 보는 기분이란! 말로 설명이 안 돼! 나를 향해 손짓을 하네? 다른 관객들도 같이 추잖아? 그럼 나도 나만의 느낌을 살려서 도전! 올레!

플라멩코 공연 모습

오~ 나선애~ 의외로 잘하는데?

노래가 애절한 느낌이에요~

이리저리 떠돌아다니던 자신들의 삶, 슬픔을 노래와 춤으로 표현한 거라 그럴 거야~

플라멩코는 춤만 가리키는 말이에요?

▶ 플라멩코는 춤과 노래, 연주로 이루어진 예술이야. 플라멩코의 노래는 '칸테'라고 하는데, 춤만큼 중요하단다. 플라멩코는 엄격한 형식보다는 기본 동작을 중심으로 즉흥적이고 감정적인 변화, 리듬, 박자를 중요시한대.

용선생의 스페셜 가이드

알람브라 궁전 깊이 보기

오늘 둘러본 알람브라 궁전은 에스파냐뿐 아니라 유럽에 남아 있는 이슬람 건축물 중에서 가장 뛰어난 궁전으로 유명해. 그래서 구석구석 볼 만한 풍경이 많지. 최고의 가이드 용선생이 알람브라 궁전을 안내해줄게!

벽면의 글자 장식은 이슬람교의 신 알라를 찬양하고, 이슬람 왕들의 업적을 칭송하는 내용이래.

코마레스궁(대사들의 방)
코마레스궁은 왕이 지내던 곳이래. 여름에는 1층, 겨울에는 2층에서 지냈다고 해. 맞은편 코마레스 탑에는 대사들의 방이 있는데, 이 방은 왕이 방문객을 만날 때 사용하는 공식 행사장이래. 매우 화려하고 섬세한 장식으로 둘러싸여 있지.

- 나스르 궁전
- 코마레스궁
- 카를로스 5세 궁전
- 알카사바

알카사바
알람브라 궁전에서 가장 오래된 요새 건물이야. 내부에서 옛날 군인들의 숙소와 창고, 터널, 목욕탕의 흔적이 남아 있지. 꼭대기에 올라가면 사방으로 탁 트인 그라나다 풍경을 내려다볼 수 있어.

전성기에는 약 4천만 명이 거주한 것으로 알려져 있지~

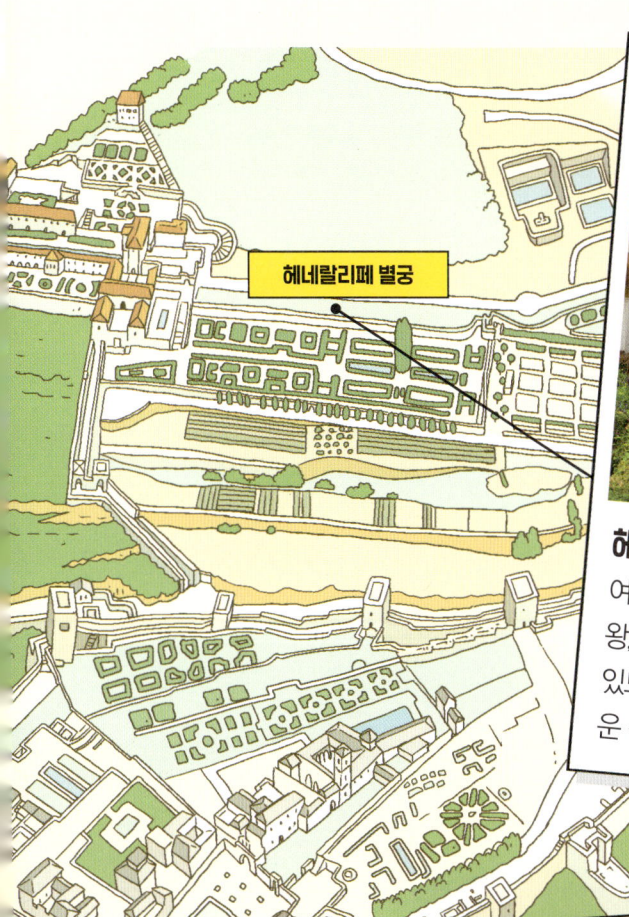

헤네랄리페 별궁
여름 별궁으로 사용되었던 곳이야. 이슬람 왕국의 왕, 술탄이 산책을 하면서 편안하게 휴식을 즐길 수 있도록 정원이 꾸며져 있지. 세계에서 가장 아름다운 정원으로 손꼽힌대.

카를로스 5세 궁전
이곳은 카를로스 5세가 그라나다에서 이슬람 세력을 몰아낸 뒤 세운 궁전이야. 2층에는 미술관이 있고, 매년 여름이 되면 건물 가운데에서 국제 음악제가 열린대.

조건에 알맞은 사람 찾기

아이들이 플라멩코 공연에서 본 무용수와 함께 사진을 찍고 싶대.
아이들의 이야기를 듣고 어떤 무용수와 사진을 찍을지 찾아볼래?

우리와 사진을 찍을 무용수는?

 머리에 큰 장미꽃 장식을 달고 있었어.

 머리카락 색깔은 나처럼 검정색이었어.

 화려한 부채를 쥐고 있었던 거 같아.

 옷이 긴 소매라서 더워 보였어.

 의상도 머리 장식처럼 빨간색이었지?

왕수재, 콜럼버스를 만나다!

세비야 — 에스파냐 광장 ▶ 세비야 대성당 ▶ 마에스트란사 투우장

에스파냐 광장

벌써 여행 9일째! 에스파냐 남부의 세비야에 도착했어.

"어? 왜 가게들이 전부 문을 닫았지?"

훗! 그건 말이지~ 지금이 바로 에스파냐 사람들이 즐기는 한낮의 휴식 시간 '시에스타'이기 때문이라고! 이 시간에는 원래 상점이나 박물관 문을 닫는다는 말씀~

휴, 겨우 문 연 식당을 찾아서 점심을 먹고, 소화도 시킬 겸 아름다운 에스파냐 광장에서 자유 시간을 갖기로 했지. 광장이 넓은 만큼 이것저것 할 게 많아서 다들 흩어졌어. 나는 그늘에 앉아 에스파냐 역사를 공부하려고 책을 폈지. 그늘에 앉으니 시원하네… 눈이 자꾸 감기고… 흠냐흠냐~

이렇게 넓은 에스파냐 광장은 왜 만들었어요?
▶ 1929년에 열린 에스파냐·아메리카 박람회장으로 쓰기 위해 만들었지.

유럽에서 세 번째로 큰 세비야 대성당

"얘들아, 세비야에 유럽에서 세 번째로 큰 성당이 있대!"

아이참, 선생님도~ 저 왕수재는 벌써 알고 있었죠~

바로 **세비야 대성당**! 에스파냐에서 가장 큰 성당이기도 하잖아요!

우리는 성당 안으로 들어갔어. 내부는 금과 은으로 화려하게 장식돼 있었지.

"이건 뭐예요? 사람들이 뭘 들고 있네?"

아차차! 세비야 대성당에서 꼭 만나야 할 사람을 빼먹을 뻔했네.

저건 바로 **아메리카 대륙**을 탐험한 **콜럼버스**의 묘야.

저 관 안에는 콜럼버스 유골 가루가 들어있다던데… 괜히 으스스하네?

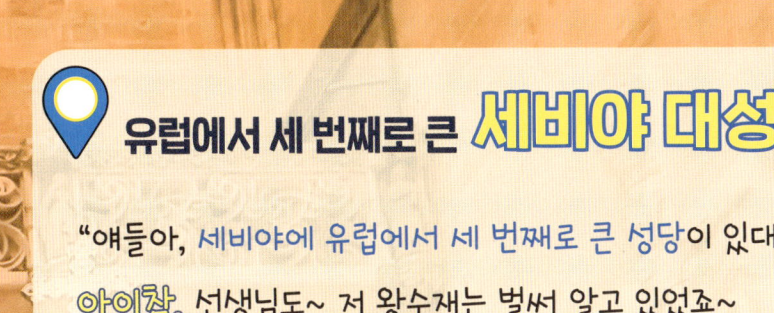

세비야 대성당은 언제 지었어요?

▶ 1402년부터 성당을 짓기 시작했어. 짓는 데 무려 100년이나 걸렸단다. 참고로 유럽에서 가장 큰 성당은 이탈리아 바티칸 성 베드로 대성당이야.

에스파냐의 전통 경기 투우

우리는 에스파냐의 전통 경기인 투우를 보러 왔어! 투우는 옛날에 재앙을 막으려는 의식으로 행해지던 게, 나중에는 귀족들의 오락거리가 된 거래. 사나운 소를 상대로 싸우는 모습을 실제로 보다니! 두근두근~
"우아! 진짜 넓다! 축구 해도 되겠어요~"

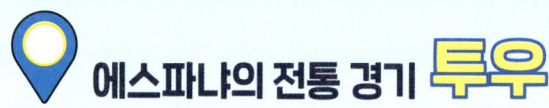

'올레'가 무슨 말이에요?
▶ 에스파냐어의 감탄사야. 투우장에서 투우사가 멋지게 소를 피하거나, 놀라운 것을 볼 때 '올레!'라고 외치지.

하다 말대로 투우장은 무척 넓었어. 한 번에 1만 4천 명이 들어올 수 있대.
노랑색, 하얀색, 붉은색이 어우러져 있어서 꽤 멋지기도 했지.
드디어 투우 경기가 시작됐어!
새빨간 천을 든 투우사가 위풍당당하게 등장했지.
곧 투우사와 싸울 소도 입장!
투우사는 묘기를 부리듯 천을 흔들고, 흥분한 소는 무섭게 돌진했어.
그때마다 아슬아슬하게 소를 비껴가는
투우사를 보니 내 손에도 땀이 나네!

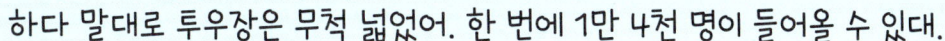

투우 경기

투우를 반대하는 사람도 있다면서요?
▶ 투우는 흔들리는 천으로 소를 약 올리다가 마지막에는 창으로 찔러 죽이면서 끝나. 그래서 투우가 동물을 학대하는 잔인한 경기라며 반대하는 사람들이 늘어나고 있어.

콜럼버스의 탐험! 이것이 궁금하다!

세비야는 콜럼버스가 에스파냐 여왕의 후원으로 탐험를 떠났던 출발지이자, 콜럼버스의 묘가 있는 도시야. 콜럼버스는 새로운 항로를 개척해 큰돈을 벌고자 했단다. 콜럼버스의 탐험에 대한 궁금증을 용선생이 풀어 줄게!

 **콜럼버스는 왜 떠나려고 했나요?**

콜럼버스는 지구가 둥그니까 계속 서쪽으로 가다 보면 인도에 도착할 수 있을 거라고 생각했어. 그럼 인도의 귀한 향신료를 들여와 많은 돈을 벌 수 있을 거라 확신하고, 자신의 항해를 후원해 줄 사람을 찾아 나섰지. 유럽의 여러 나라 왕들은 콜럼버스의 제안을 거절했지만, 에스파냐의 이사벨 여왕이 후원하기로 결정했단다.

향신료가 넘치는 인도에만 가면… ㅎㅎ

 **에스파냐 여왕은 왜 콜럼버스를 후원해 줬나요?**

당시 이웃나라 포르투갈은 아프리카를 돌아서 인도로 가는 뱃길을 개척하기 직전이었어. 이사벨 여왕은 가만히 있다가는 포르투갈에 뒤처질지도 모른다는 생각이 들었을 거야. 그래서 포르투갈과는 완전히 다른 길로 항해에 나선 콜럼버스를 후원한 거지.

자네만 믿네!

후회 없는 선택이십니다!

콜럼버스는 인도에 도착했나요?

콜럼버스는 1492년 8월 산타마리아호를 타고 항해를 떠났어. 그리고 약 70여 일 만에 대서양을 건너 카리브해의 섬에 도착했지. 콜럼버스는 자신이 지구를 한 바퀴 돌아 인도에 도착했다고 굳게 믿었지만 이 섬은 인도가 아니었어. 훗날 '서인도 제도'라고 불리는 새로운 땅이었지.

인도에 도착했다!

4 결국 황금과 후추를 찾았나요?

아니. 콜럼버스는 세 차례 더 항해를 떠났지만 후추나 황금은 찾을 수 없었어. 이곳은 인도가 아니었으니까! 황금에 눈이 먼 콜럼버스와 일행은 돈이 되는 걸 찾기 위해 수단과 방법을 가리지 않고 원주민을 괴롭혔지. 콜럼버스가 이 스파니올라섬에 도착한 지 겨우 2년 만에 20만 명 정도의 원주민이 목숨을 잃었단다. 결국 콜럼버스는 값진 보물을 찾지 못했어. 에스파냐도 크게 실망해서 더 이상 콜럼버스를 후원하지 않았지.

5 왜 콜럼버스 관이 하늘에 떠 있나요?

에스파냐의 후원이 끝난 후 콜럼버스는 초라하게 죽음을 맞이했어. 콜럼버스도 에스파냐에 크게 실망해서 '죽어도 에스파냐 땅에 묻히지 않겠다!'는 유언을 남겼대. 콜럼버스의 무덤은 수백 년 동안 이곳저곳을 떠돌았는데, 결국엔 그동안의 공을 인정받아 세비야로 돌아왔지. 단, 유언을 존중하는 뜻에서 땅에 묻지 않고 관을 허공에 띄워 둔 거래.

아메리카를 발견한 에스파냐 제국은 어떻게 했을까?

콜럼버스의 뒤를 이어 많은 에스파냐인이 큰돈을 벌기 위해 아메리카로 건너갔어. 에스파냐는 아스테카 제국과, 잉카 제국을 무너뜨리고 아메리카 대륙을 정복했지. 이후 식민지를 건설하고, 그곳에서 당시 국제 화폐로 쓰였던 은을 잔뜩 발견하면서 전성기를 맞이했어.

콜럼버스의 항해
- 첫번째 항해(1492년~1493년)
- 두번째 항해(1493년~1496년)
- 세번째 항해(1498년~1500년)
- 네번째 항해(1502년~1504년)

사다리 타기

투우사 아저씨가 모자를 잃어버렸대.
아이들이 투우장을 샅샅이 뒤져서 모자를 찾았다는데,
어떤 아이가 찾았는지 맞혀볼래?

곽두기, 문화 도시 빌바오에 가다!

빌바오 기차역 ▶ 구겐하임 미술관 ▶ 세마나 그란데 축제

 세계적인 문화 도시 **빌바오**

에스파냐 여행 마지막 날!

우리는 기차로 에스파냐 북부에 있는 빌바오에 도착했어.

"어머, 저기 좀 봐! 너무 예쁘다~"

영심이 누나 말처럼 알록달록한 유리로 장식돼 있는 벽이 있었어. 그 앞에는 엄청 커다란 머리 모양의 예술 작품이 전시되어 있었지. 흠~ 기차역에 신경을 많이 썼는데?

"빌바오는 1990년대에 대대적인 도시 재개발 작업을 벌였단다. 그래서 지금은 세계적인 문화 도시가 되었지."

오호라~ 도시 곳곳에 유명 건축가와 디자이너의 흔적도 많다는데, 정말 기대된다!

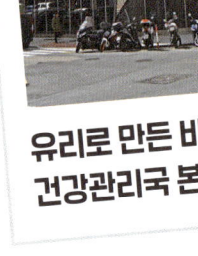

유리로 만든 바스크 건강관리국 본사

 왜 빌바오는 도시 재개발을 했나요?

▶ 빌바오는 원래 공장과 조선소가 많은 잘사는 공업 도시였어. 하지만 관련 산업이 쇠퇴하면서 도시가 침체됐지. 그래서 1990년대에 새롭고 아름다운 도시를 건설하기 위해 재개발 작업을 벌였단다.

본격적으로 구경하기 전에 배부터 채워야지!
"자, 에스파냐 북부 지방에 왔으니 핀초를 먹어야지!"
핀초는 다양한 재료로 만든 요리를 빵조각에 얹은 음식이더라고!
핀초가 원래 '꼬챙이'라는 뜻이라서 이쑤시개로 꿴 음식들이 많았어. 특히 눈에 띄는 건 여러 해산물이 올라간 핀초! 알고 보니 빌바오는 신선한 해산물이 유명한 도시래~

다양한 종류의 핀초들

구겐하임 미술관

"우아! 저 강아지 좀 봐!"

"헐! 저건 거미인가 봐!"

멀리 번쩍이는 은색 건물 주변에 커다란 작품들이 보였어.

이곳은 **구겐하임 미술관!** 빌바오에서 가장 유명한 곳이래.

"여기는 원래 공장과 조선소가 있던 곳이었어. 쓰레기도 많아서 사람들이 잘 찾지도 않던 곳이었지."

그런 곳에 이렇게 멋진 미술관이 세워지다니! 지금은 상상도 안되는걸?

여기서는 전 세계적으로 유명한 현대 미술 작가의 작품도 많이 볼 수 있대.

현대 미술에 대해서는 잘 모르지만……. 수재 형을 잘 따라다니면 설명해 주겠지?

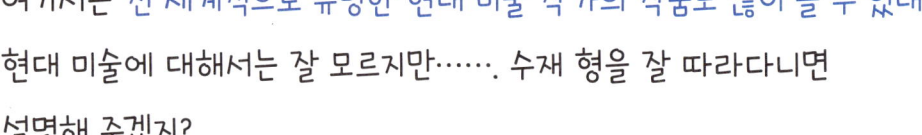

으악! 대왕 거미다!

'구겐하임'이 무슨 뜻이에요?

▶ '솔로몬 구겐하임'이라는 미국인의 이름이야. 직접 수집한 현대 미술 작품을 보관하기 위해 구겐하임 재단을 만들었지. 이후 부유한 사업가인 그는 뉴욕과 이탈리아 등에 미술관을 세웠대.

빌바오의 큰 축제 세마나 그란데

미술관을 둘러보고 나왔는데 거리가 시끌시끌했어. 음? 무슨 일이지?

"아! 빌바오에서 큰 축제가 열리는 기간인가 봐!"

야호! 축제라니! 거리에는 사람들이 바글바글했어.

알고 보니 매년 150만 명이나 참가하는

'세마나 그란데' 축제 기간이래!

"우아! 엄청 큰 인형이 온다!"

거대한 왕문어부터, 연기를 뿜는 용까지 다양한 모양의 인형이 음악에 맞춰 지나갔어. 까, 신난다!

축제 퍼레이드

 축제는 며칠 동안 열려요?

▶ 세마나 그란데 축제는 8월 15일 이후 첫 번째 토요일에 시작해 일주일간 열려.

세계적으로 유명한 산티아고 순례길

에스파냐 북부에는 세계적으로 유명한 길이 있어. 바로 '산티아고 순례길'이지. 산티아고 순례길은 프랑스에서 시작돼 에스파냐에 이르는 약 800킬로미터의 구간인데, 매년 600만 명 정도 방문한대. 어떤 길이길래 이렇게나 많은 사람들이 찾는 걸까? 산티아고 순례길에 대해 알아보자!

 산티아고 순례길은 어디에 있나요?

산티아고 순례길은 에스파냐 북서쪽에 있는 도시 '산티아고 데 콤포스텔라'로 향하는 약 800킬로미터에 이르는 길을 말해. 여기에는 여러 코스가 있는데, 대부분 프랑스와 에스파냐를 지나는 경로인 '카미노 프란세스'를 선택해. '프랑스 사람들의 길'이라는 뜻인데, 프랑스 남부 국경에 있는 마을에서 시작해 피레네산맥을 넘어 걸어가는 길이지.

카미노 프란세스 경로

순례길 종착지인 산티아고 데 콤포스텔라 대성당

 산티아고 순례길은 왜 생겼나요?

'순례'는 종교의 발생지나 성인(聖人)의 무덤처럼 종교적인 의미가 있는 곳을 찾아다니며 방문하는 걸 말해. 800년대에 에스파냐 북서쪽 '산티아고 데 콤포스텔라'에서 예수의 열두 제자 중 하나였던 야고보의 유해가 발견됐거든. 성인 야고보의 무덤으로 향하는 길이 세계적인 순례길로 떠오른 거야.

 ## 산티아고 순례길은 왜 유명해요?

이 순례길은 유럽의 중세 시대에 크게 번성했지만 한동안은 쇠퇴했어. 그러다 1982년 교황 바오로 2세가 방문하면서 다시 인기를 얻기 시작했지. 1993년 유네스코 세계 문화유산으로 지정되면서 신자들뿐만 아니라 전 세계 여행자들 사이에서도 유명해졌어. 아름다운 풍경을 보며 조용히 길을 걸으면서 스트레스도 풀고 재충전의 시간을 가질 수 있어서 큰 인기를 끌고 있지.

 ## 다 걷는 데 얼마나 걸려요?

짧게는 30일에서 길게는 40일까지 걸린대. 걸으면서 피레네산맥의 우거진 숲과 드넓은 평원, 깊은 계곡 등 에스파냐 북부의 다양한 자연을 감상할 수 있지. 또, 순례길을 걸으면서 전 세계 여러 나라에서 온 사람들과 만나고 추억을 쌓을 수 있어.

 ## 그냥 무작정 걸으면 되나요?

순례자들은 에스파냐 관광청에서 판매하는 '순례자 여권'을 발급 받아야 돼. 이 여권이 있어야 '알베르게'라는 순례자 전용 숙소에 머물 수 있는 자격을 준대. 알베르게는 순례길이 지나는 마을 곳곳에 있고, 잠자리와 식사를 저렴한 가격에 해결할 수 있는 곳이지. 순례길에 있는 숙소, 호텔, 레스토랑 등에서 순례자 여권에 도장을 받을 수 있는데, 이렇게 도장을 차곡차곡 모아서 끝까지 가면 순례 완주 증서를 받을 수 있지.

순례자 여권에 찍힌 도장들

숨은 단어 찾기

아래 표에는 우리가 에스파냐를 여행하면서 알게 된 단어가 숨겨져 있어. 모두 합쳐서 10개래. 함께 찾아볼까?

어려우면 책을 다시 한번 읽어 봐~

마	람	시	타	프	막	플	라	멩	코
드	수	알	람	브	라	보	전	대	탐
리	아	그	라	레	본	도	지	험	포
드	도	인	스	도	냐	수	도	방	까
데	타	콜	바	르	셀	로	나	빈	도
추	리	럼	살	항	해	무	마	해	객
파	로	버	미	요	조	다	나	축	광
시	파	스	베	가	리	야	드	가	관
간	에	에	시	호	우	디	지	투	우
디	야	요	스	파	말	디	두	코	이

❶ 사그라다 파밀리아 성당을 만든 건축가는?

❷ 에스파냐의 수도는?

❸ 발렌시아에서 유명한 요리로 **넓적한 팬에 쌀로 만드는 요리**는?

❹ ○○○○는 춤과 노래, 연주로 이루어진 **에스파냐 남부 지역의 전통 예술**이야.

❺ 마드리드에 있는 ○○○ 미술관에는 **에스파냐를 대표하는 예술가들의 작품**이 있어.

❻ 에스파냐에서 관광객이 가장 많이 찾는 **도시**야. 카탈루냐 지방의 중심 도시지.

❼ **탐험가** ○○○○는 에스파냐 여왕의 후원으로 인도를 찾아 항해를 떠났어.

❽ ○○○는 **밀가루 반죽을 막대 모양으로 만들어서 튀긴 간식**이야.

❾ 에스파냐의 **전통 경기**인 ○○는 사나운 소를 상대로 싸우는 경기야.

❿ 그라나다에 있는 ○○○○ 궁전은 **이슬람 왕국의 궁전**이야.

안녕~ 에스파냐!

이제 집으로!

여행은 즐거웠니?
여행하며 배운 내용을 다시 한번 확인해 볼까?

에스파냐 땅은 어떻게 생겼을까?  지리

설명을 읽고, 알맞은 단어에 동그라미 쳐 보자.

1. 에스파냐는 (이베리아반도 / 아나톨리아반도)에 있는 나라야.

2. 에스파냐 남쪽으로 바다를 건너면 (아프리카 / 아메리카)로 갈 수 있어.

3. (메세타 / 피레네)고원은 에스파냐 중앙부의 고원 지대야. 수도 마드리드가 바로 이곳 한가운데에 자리하고 있지.

 역사

에스파냐는 어떤 역사를 가지고 있을까?

보기 에서 알맞은 단어를 찾아 빈칸에 써 보자!

> **보기** 톨레도, 몬세라트, 세비야, 파에야, 프라도, 이슬람, 불교, 이사벨, 페르난도, 펠리페 2세, 콜럼버스

4. (   ) 는 1500년대에 에스파냐의 전성기를 이끌며 '해가 지지 않는 제국'을 다스렸지.

5. 그라나다의 알람브라 궁전은 에스파냐가 (   ) 세력의 지배를 받았을 때 만들어졌지.

6. (   ) 는 마드리드가 수도가 되기 전까지 에스파냐의 정치, 문화의 중심지였어.

문화 | 에스파냐 사람들은 어떤 모습으로 살아갈까?

다음 문장을 읽고, 알맞은 답을 골라 보자.

7 (   )는 일종의 반찬, 안주 같은 음식인데, 에스파냐를 대표하는 메뉴지.
① 파스타　　② 카레　　③ 타파스

8 에스파냐에서 가장 유명한 축제는 부뇰의 (   )를 던지며 즐기는 축제야.
① 딸기　　② 토마토　　③ 오렌지

9 에스파냐 사람들이 즐기는 한낮의 휴식 시간은?
① 시에스타　　② 세마나 그란데　　③ 핀초

10 에스파냐 미술의 3대 거장은 벨라스케스, 엘 그레코, (   )야.
① 신윤복　　② 고야　　③ 셰익스피어

경제 | 에스파냐는 어떤 산업이 발달했을까?

다음 문장을 읽고 옳은 것에는 O, 틀린 것에는 X에 동그라미를 쳐 보자.

11 에스파냐는 아름다운 자연환경과 문화유산, 축제 등 다양한 볼거리로
관광 산업이 에스파냐 경제에 중요한 역할을 하고 있어. (O , X)

12 카탈루냐는 에스파냐에서 가장 가난한 지역이라
경제 발전을 위해 독립하고 싶어 해. (O , X)

정답

1일

2일

3일

4일

5일

6일

7일

8일
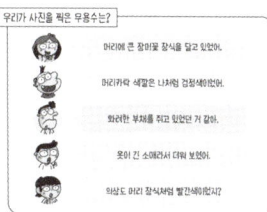

9일

10일

퀴즈로 정리하는 에스파냐 <정답>

1	이베리아반도	2	아프리카	3	메세타	4	펠리페 2세
5	이슬람	6	톨레도	7	③	8	②
9	①	10	②	11	O	12	X

나도 곳곳에 숨어 있었는데, 찾았니? 몰랐다면 다시 한번 살펴봐~

〈사진 제공〉

[셔터스톡] KarSol, Radu Bercan, Guillem de Balanzo, Tanya Keisha, travellifestyle, Pit Stock, Mistervlad, Jaroslav Moravcik, Reidl, Luciano Mortula - LGM, photoshooter2015, Lisa A, olegmorgun1311, nito, Murphy1975, Valery Egorov, shawnwil23, Rosdaniar, Christian Bertrand, F8 studio, infiniti777, Kiev.Victor, Ana del Castillo, kamienczanka, imagestockdesign, Natursports, Suradech Singhanat, BAHDANOVICH ALENA, funkyfrogstock, John_Silver, S.Borisov, Irina Burmistrova, Tayfun Yaman, trabantos, byvalet, Pack-Shot, Takashi Images, VDV, Iakov Filimonov, Juan Pedro Pena, Ivan Soto Cobos, Valery Bareta, agsaz, Natursports, Gordon Bell, Martyn Jandula, Naeblys, Dolores Giraldez Alonso, Jarno Gonzalez Zarraonandia, Formatoriginal, Slavnyj / [위키피디아] Mromanchenko, Tarun Bhushan, Jean-Christophe BENOIST, amadalvarez, Museo de Altamira y D. Rodríguez, Maxim Karpinskiy, Jcca76, Jose Luis Filpo Cabana, Kris Arnold from New York-USA, Jonas Ericsson, Håkan Svensson (Xauxa), PA, stephenD, flydime

※ 퍼블릭 도메인은 따로 표기하지 않았습니다.

용선생이 간다 : 에스파냐(스페인)
세계 문화 여행 ⑪

1쇄 발행 2021년 11월 1일
5쇄 발행 2024년 4월 19일

글 사회평론 역사연구소
그림 뭉선생, 윤효식
자문 및 감수 강혜원
캐릭터 이우일
어린이사업본부 이승필
편집 송용운, 김언진
마케팅 조수환, 홍진혁
경영지원 나연희, 주광근, 오민정, 정민희, 김수아, 장재민
디자인 박효영
조판 디자인 최한나

펴낸이 윤철호
펴낸곳 ㈜사회평론
전화 02-326-1182
팩스 02-326-1626
주소 03993 서울시 마포구 월드컵북로6길 56 사평빌딩
용선생 클래스 yongclass.com
출판등록 1993년 10월 6일 제10-876호

© 사회평론, 2021

ISBN 979-11-6273-182-6 77900

* 이 책 내용의 일부나 전부를 다시 사용하려면 저작권자와 사회평론의 동의를 받아야 합니다.
* 잘못 만들어진 책은 구입하신 곳에서 바꾸어 드립니다.

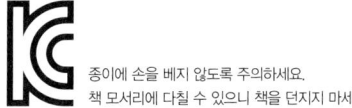
종이에 손을 베지 않도록 주의하세요.
책 모서리에 다칠 수 있으니 책을 던지지 마세요.

내가 만든 에스파냐 지도

스티커를 붙여 너만의 지도 만들어 봐!

프랑스에서 시작돼 에스파냐에 이르는 약 800킬로미터의 순례길

에스파냐의 왕들이 살았던 궁전

포르투갈

국기 스티커를 붙여 봐!

사나운 소를 상대로 싸우는 에스파냐의 전통 경기

세비야

카나리아 제도

모로코

# 내가 만든 에스파냐 지도
★ 알맞은 자리에 스티커를 붙이세요.

알람브라 궁전

사그라다 파밀리아 성당

플라멩코

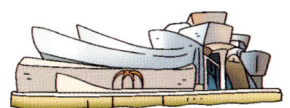
구겐하임 미술관

산티아고 순례길

마드리드 왕궁

투우

미션 해결 — 지금 여행지에서는?

2일
★ 알맞은 자리에 스티커를 붙이세요.

《용선생이 간다》 에스파냐